NAPOLEÓN HILL

LIBÉRATE DE TUS

MIEDOS

ADQUIERE UNA NUEVA PERSPECTIVA Y VE LAS OPORTUNIDADES A TU ALREDEDOR

sound
wisdom.
Because Your Success Matters

Publicado y distribuido por:

SOUND WISDOM
P.O. BOX 310
Shippensburg, PA 17257-0310

717-530-2122

info@soundwisdom.com

www.soundwisdom.com

ISBN 13 TP: 978-1-64095-232-4

ISBN eBook: 978-1-64095-233-1

Para Distribución Mundial, Impreso en EE.UU.

2 3 4 5 6 7 8 / 28 27 26 25

Si alguna vez hubo un momento en este país en el que los hombres y las mujeres necesitan reconocer el poder de sus propias mentes, en el que necesitan superar la frustración y el miedo, ese momento es ahora. Hay demasiado miedo difundido, demasiada gente hablando de depresiones. ...Fijemos nuestras mentes, todos y cada uno de nosotros como individuos, en una meta definida tan grande y sobresaliente que no tengamos tiempo para pensar en esas cosas que no queremos.

-Napoleón Hill,
"El Hacedor de Hombres de Milagros," 1952

CONTENIDO

CAPÍTULO 1

EL MIEDO ES UNA MENTALIDAD

Antes de controlar las condiciones, debes controlarte a ti mismo.

-Napoleón Hill, *Piense y Hágase Rico.*

NO hay emoción más perniciosa que el miedo. Puede hacernos sentir como si nos hubieran arrancado el suelo de debajo de los pies y estuviéramos cayendo en una espiral fuera de control. Puede hacernos cuestionar nuestra comprensión de nosotros mismos y del mundo. Se arraiga profundamente en el subconsciente y oscurece nuestros pensamientos dominantes, coloreando nuestras percepciones y, a su vez, nuestras acciones. Sin embargo, el miedo no es más que un sentimiento que puede dominarse y canalizarse para que trabaje a nuestro favor, en lugar de en nuestra contra.

Lleno de consejos de Napoleón Hill, cuyo libro de referencia *Piense y Hágase Rico* ayudó a sacar a una generación del abatimiento y la parálisis provocados por la depresión y la guerra mundial, y desde entonces ha hecho más millonarios e influyentes que ningún otro, este libro te ayudará a ampliar tu perspectiva para que puedas recuperar el control de tu vida. La perspectiva marca la diferencia entre que la derrota sea definitiva o fortuita, entre que permitas que el miedo te aleje de tus sueños o lo utilices como combustible para perseguirlos tenazmente.

> La perspectiva marca la diferencia entre que la derrota sea definitiva o fortuita.

LA MENTALIDAD IMPORTA

Cuando experimentamos dificultades, es fácil mirar a nuestro alrededor a los que "lo han conseguido" y suponer que su camino hacia el éxito no estaba pavimentado con obstáculos similares o peores que los nuestros. Con sólo el resultado final del éxito visible para nosotros, resentimos la "buena suerte" de los demás y lamentamos nuestra propia "desgracia". Excusamos nuestra indecisión y nuestra aceptación de la derrota como resultado del "destino" o de circunstancias fuera de nuestro control, cuando en realidad son coartadas que ocultan miedos profundamente arraigados. Desafiando nuestra estrecha perspectiva, Napoleón Hill escribe:

> A los que tienen éxito se les suele llamar "afortunados". Sin duda, ¡tienen suerte! Pero, conoce los hechos y descubrirás que su "suerte" consiste en ese poder secreto de su interior, que han aplicado a través de una Actitud Mental Positiva; una determinación de seguir el camino de la Fe en lugar del camino del Miedo y la auto-limitación.
>
> El poder que procede del interior no reconoce la realidad de las barreras permanentes.
>
> Convierte la derrota en un reto de mayor esfuerzo.
>
> Elimina las limitaciones autoimpuestas, como el miedo y la duda.
>
> Y, sobre todo, recordemos que no deja marcas negras en el historial de ningún hombre que él no pueda borrar.

Si se aborda a través de la fuerza interior, cada día ofrece una nueva oportunidad para el logro individual, que no tiene por qué estar lastrada por los fracasos de ayer.

No favorece a ninguna raza ni credo y no se rige por ningún tipo de coherencia arbitraria que obligue al hombre a permanecer en la pobreza por haber nacido en ella.[1]

Después de 25 años entrevistando y estudiando las vidas de más de 500 de los empresarios y líderes de opinión con más éxito de Estados Unidos, Hill descubrió que casi todas las personas con grandes logros habían experimentado, de hecho, importantes reveses en su camino hacia el éxito. Lo que separó a los que "lo consiguieron" de los que sucumbieron a la derrota o la mediocridad no fueron ventajas personales como la educación, las conexiones y el dinero, sino más bien la capacidad de perseverar a través de los desafíos y mantenerse firmes en la búsqueda de su objetivo principal definido. Esto se reduce a un elemento clave: el *estado de la mente*. Así nació la filosofía de la ciencia del éxito, basada en un principio fundamental: *Tus pensamientos dictan tus resultados*.

James J. Hill, el ejecutivo ferroviario responsable del sistema ferroviario transcontinental; Andrew Carnegie, el gran magnate del acero; Henry Ford, el pionero del automóvil; Lee De Forest, el "padre de la radio"; y el célebre inventor Thomas A. Edison

- veneramos a estos gigantes de la industria, admirándolos por su genio y aparente buena fortuna. Pero como explica Hill, la genialidad no es una cualidad innata con la que algunas personas nacen y de la que otras deben prescindir. Según Hill, no es más que la aplicación del "poder secreto interior que está a disposición de todo aquel que lo acepte y lo utilice"[2] Y continua:

> Todos conocemos los logros de estos grandes líderes...
>
> Pero, por desgracia, no todos reconocemos las desventajas con las que trabajaron, los obstáculos que tuvieron que superar y el espíritu de fe activa con el que llevaron a cabo su labor.
>
> Pero de esto podemos estar seguros: ¡*Sus logros fueron exactamente proporcionales a las emergencias que tuvieron que superar!* [3]

Fe, confianza en uno mismo, creatividad -estos tres atributos, todos ellos interrelacionados, derivan de una misma fuente: una *actitud mental positiva*, el rasgo crucial que garantiza el éxito de los mejores triunfadores del mundo. Como lo establece Hill:

> cuando se llega a las circunstancias que elevan a algunos hombres a posiciones destacadas en la vida y condenan a otros a la penuria y la necesidad, lo más probable es que sus posiciones tan separadas reflejen sus respectivas actitudes mentales. El hombre elevado elige el camino elevado de la Fe, el hombre bajo elige el camino bajo del Miedo, y la educación, la experiencia y la habilidad personal son asuntos de importancia secundaria.[4]

En tiempos de grandes dificultades, es fácil desanimarse y dejar que nuestra mente se consuma por los miedos, las preocupaciones y las dudas. El reto es aún mayor cuando estamos rodeados del ruido social que se alimenta del pánico y la pasividad. El ruido de los medios de comunicación, de los detractores e incluso de nuestros seres queridos bienintencionados puede distraernos de nuestro propósito, hacernos cuestionar nuestras capacidades y desconfiar de nuestra intuición, y abrumarnos hasta la inacción. Cuando nos bombardean constantemente con negatividad, nos sentimos impotentes, y nuestra impotencia se traduce en un círculo vicioso de pensamientos negativos. Cuando esto ocurre, nuestra mente -el recurso más importante que tenemos como seres humanos- trabaja en nuestra contra. Si tomamos el control de nuestros pensamientos, podemos tomar las riendas de nuestras vidas y convertirnos en "dueños de [nuestro] destino", como lo dice el famoso poema de William Ernest Henley.[5]

Tomar el control de nuestros pensamientos comienza por replantear nuestra perspectiva hacia la adversidad, como lo analizaremos a profundidad en el capítulo 2. El fracaso suele producirse sin otra razón que el hecho de que las personas desisten cuando se encuentran con una derrota temporal. Como lo explica Hill, "nadie está derrotado hasta que la derrota ha sido aceptada como una realidad."[6] La derrota, en forma de planes descarrilados, se disfraza de fracaso y se instala en la mente de quienes carecen de confianza en sí mismos y de fe como algo definitivo, que no se puede superar. Sin embargo, la verdadera grandeza está al otro lado de la derrota temporal. Los que consiguen llegar al otro lado saben que nada es comparable a la fuerza, el ingenio y la determinación que se obtienen al superar la adversidad. La investigación de Hill descubrió este hecho: "Más de quinientos de los hombres más exitosos que Estados Unidos ha conocido le dijeron al autor que su mayor éxito se produjo justo un paso *más allá del* punto en el que la derrota les había alcanzado."[7] Este libro te ayudará a vencer tus miedos para que puedas llegar al otro lado del fracaso.

> La verdadera grandeza está al otro lado de la derrota temporal.

A UN METRO DEL ORO: UNA PARÁBOLA SOBRE LA "PERSEVERANCIA"

En *Piense y Hágase Rico*, Hill cuenta la historia de R. U. Darby, un buscador de oro que se detuvo a un metro de la riqueza, para ilustrar el valor de lo que él denomina "perseverancia" -la capacidad de persistir en los objetivos propios a pesar de los desafíos.

El tío de Darby fue al oeste durante la fiebre del oro y encontró oro. Al carecer de maquinaria para extraerlo, ordenó a Darby que recaudara fondos entre sus parientes y vecinos. Tras conseguir el dinero y comprar el equipo necesario, Darby y su tío volvieron a la mina y perforaron un vagón entero de oro. Sin embargo, al seguir perforando, no pudieron localizar más mineral. Derrotados, Darby y su tío vendieron la maquinaria a un chatarrero por unos cientos de dólares.

El chatarrero contrató a un ingeniero de minas, que evaluó el lugar e informó al chatarrero de que los anteriores mineros habían fracasado porque no comprendían que las vetas de oro suelen formarse a lo largo de las fallas. El chatarrero descubrió que la veta de oro que los Darby habían extraído en un principio estaba a sólo *un metro* del lugar donde habían dejado de perforar. Como no se desanimó por la derrota y buscó el consejo de un experto, el nuevo propietario acabó descubriendo millones de dólares en mineral de oro.

En lugar de lamentarse de su mala suerte, Darby la utilizó para impulsar su éxito en el sector de los seguros de vida. Se dio cuenta de que la verdadera fuente de riqueza son los pensamientos, que deben caracterizarse por la persistencia, el deseo y la determinación. Darby saldó todas sus deudas con sus acreedores originales y vendió seguros de vida por valor de millones de dólares al año. Descubrió lo que los entrevistados de Hill ya habían descubierto: que el éxito fenomenal suele llegar sólo un paso *más allá* del punto en el que la derrota te supera.

Con esta historia en mente, reconozcamos el increíble poder de la mente humana para replantear los mensajes que recibimos y devolvemos al universo. Como exploraremos en el próximo capítulo, este replanteamiento no sólo nos permite volver a centrarnos, sino que también nos permite utilizar la Ley de la Atracción a nuestro favor: emitir vibraciones positivas en forma de pensamientos constructivos atrae oportunidades hacia nosotros y moviliza nuestro subconsciente para que trabaje en conjunto con nuestra imaginación y la Inteligencia Infinita (el término de Hill para la fuerza creativa que controla el universo) para identificar un plan de acción definido para convertir nuestros deseos en realidad.

El fracaso no tiene por qué ser el definitivo. Aunque Darby se sometió inicialmente a la derrota, fue capaz de reajustar su perspectiva y convertirse en un vendedor de seguros de inmenso éxito. No hay problema demasiado grande que justifique doblegarse a las circunstancias. Aprovecha el poder de tus pensamientos para empezar a construir activamente la vida de éxito que imaginas para ti, *incluso cuando el momento no parezca favorable para tales intentos*. En plena Gran Depresión, Hill reconoció la grandeza que aguardaba a las personas y organizaciones capaces de "pivotar", exclamando:

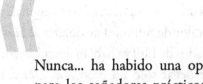

> Nunca... ha habido una oportunidad tan grande para los soñadores prácticos como ahora existe.... Una nueva carrera está a punto de comenzar. Las apuestas representan enormes fortunas que se acumularán en los próximos diez años.[8]

TIEMPOS SIN PRECEDENTES

Con el subtítulo "Para hombres y mujeres resentidos con la pobreza", la edición original de 1937 de *Piense y Hágase Rico* revela sus motivos: Hill lo escribió para ayudar a hombres y mujeres a triunfar en circunstancias difíciles, especialmente las provocadas por la Gran Depresión. Al compartir los principios de éxito que habían construido las fortunas de los millonarios estadounidenses que se habían hecho a sí mismos, creía que cualquier persona -independientemente de su nivel de educación o experiencia- podía identificar su propósito principal definido y utilizarlo para alcanzar una gran riqueza. Escribe:

Este mensaje se dirige al mundo al final de la depresión más larga, y quizás, la más devastadora que América haya conocido jamás. Es razonable suponer que el mensaje puede llegar a la atención de muchos que han sido heridos por la depresión, los que han perdido sus fortunas, otros que han perdido sus posiciones, y un gran número que debe reorganizar sus planes y montar un regreso. A todos ellos deseo transmitirles la idea de que todo logro, sea cual fuere su naturaleza o su propósito, debe comenzar con un intenso y ARDIENTE DESEO por algo definitivo.[9]

Si estás pasando por un momento difícil, puede parecerte imposible recuperar la esperanza. Y a eso Hill diría que *no deberías*. Esperar y desear son indicativos de falta de fe e inacción. En lugar de eso, deberías volver a centrar tus pensamientos en la certeza de que recuperarás y lograrás tu objetivo principal definido. Todo lo que necesitas son nuevos planes, que puedes concebir visualizando la fructificación de tus deseos e instruyendo a tu subconsciente para que encuentre un medio de reclamar lo que ya se ha puesto a tu disposición. Comprende que todo lo que más deseas en la vida está a tu alcance; sólo te frenan tus miedos, tu indecisión y la falta de planes adecuados para obtener lo que deseas.

Hay oportunidades increíbles en los momentos difíciles -sólo debes abrir tu mente y ampliar tu perspectiva para reconocerlas. Las circunstancias que han hecho retroceder a la persona común han lanzado a los más grandes individuos del mundo a las cumbres de la prominencia. Hill afirma que

> cuando se produce una gran crisis en el mundo, siempre aparece algún desconocido con una fórmula para resolverla -como Abraham Lincoln, por ejemplo, en un momento de necesidad, cuando este país estaba a punto de dividirse por luchas internas; George Washington, antes que Lincoln; Franklin D. Roosevelt, en un momento en que la gente estaba aterrorizada y hacía grandes colas para sacar su dinero del banco.[10]

Recordamos a estas personas porque no permitieron que el miedo les desviara de su propósito principal. De hecho, reconocieron que las pruebas a las que se enfrentaban eran en realidad oportunidades disfrazadas. En lugar de ceder a sentimientos de impotencia, incertidumbre, agobio y miedo, cambiaron el canal en el que sintonizaban sus pensamientos y, al hacerlo, cambiaron su perspectiva.

Las circunstancias que han hecho retroceder a la persona común han lanzado a los más grandes individuos del mundo a las cumbres de la prominencia.

CONOCE TU "OTRO YO"

Los obstáculos no sólo presentan oportunidades en forma de planes prácticos, sino que también ofrecen oportunidades para construir la determinación y adquirir fuerza personal. Estas oportunidades se presentan de la manera más profunda cuando nos encontramos con lo que Hill llama nuestro "otro yo". Dentro de cada persona, Hill conjetura, hay dos seres:

Uno es un tipo de persona negativa que piensa, se mueve y vive en una atmósfera de miedo, duda, pobreza y mala salud. Este yo espera el fracaso y rara vez se decepciona. Piensa en las circunstancias de la vida que no quiere pero que parece obligado a aceptar: pobreza, avaricia, superstición, miedo, duda, preocupación y enfermedad física.

Y uno es tu "otro yo", un tipo de persona positiva que piensa en términos de opulencia, buena salud, amor y amistad, logros personales, visión creativa, servicio a los demás, y que te guía infaliblemente hacia la consecución de todas estas bendiciones.[11]

Cuando te enfrentas a tu otro yo en un momento de crisis, suele marcar un punto de inflexión en tu vida: descubriendo tu extraordinaria capacidad para transformar tus emociones más fuertes en creencias constructivas que cambia por completo la dinámica de tu camino hacia el éxito. El miedo, el estrés, la incertidumbre -estas emociones, cuando se reconocen como tales, pueden alimentar tus logros. Escribiendo a quienes acababan de superar la Gran Depresión, Hill dice:

> Te has sentido decepcionado, has sufrido la derrota durante la depresión, has sentido el gran corazón dentro de ti aplastado hasta sangrar. Ten valor, porque estas experiencias han templado el metal espiritual del que estás hecho: son activos de valor incomparable.
>
> Recuerda también que todos los que triunfan en la vida tienen un mal comienzo y pasan por muchas luchas desgarradoras antes de "llegar". El punto de inflexión en la vida de los que triunfan suele llegar en el momento de alguna crisis, a través de la cual se les presenta su "otro yo".[12]

Si te asaltan los desafíos, éste es tu momento para dejar tu huella en el mundo. Ábrete paso a través del ruido y desprende las capas de tu ser para encontrar a tu "otro yo", que espera con impaciencia el éxito y la alegría que te aguardan. Sólo cuando estés en un estado mental positivo y seguro de ti mismo recibirás los medios para hacer realidad tus deseos. El miedo te roba estas oportunidades al descarrilar tu mentalidad.

El miedo te roba oportunidades al descarrilar tu mentalidad.

Recuerda, que lo que separa a las personas con grandes historias de éxito de las que caen en la oscuridad es la forma en que responden a la adversidad. ¿Utilizarás los miedos y desafíos a los que te enfrentas para dar un mayor impulso hacia la realización de tus sueños, o dejarás que te arrastren hacia atrás? Ahora es el momento de armarse de valor y no echarse atrás. Después de todo, "este mundo cambiado requiere soñadores prácticos que puedan *y quieran* poner sus sueños en acción."[13]

Ha llegado tu momento de demostrar al mundo de qué estás hecho. Has llegado a tu punto de inflexión.

RECLAMA TU VALENTÍA

Desaprender la impotencia cultivando la definición de propósitos y planes. Por ejemplo:

- Si te sientes impotente para conseguir un empleo, construye tu currículum y tu red de contactos buscando oportunidades de formación y tutoría de expertos en el campo que deseas.

- Si te sientes impotente para tomar el control de tu salud, crea un plan para tomar decisiones diarias sobre la ingesta de agua, la alimentación nutritiva y el ejercicio físico que vayan incrementando poco a poco.

- Si te sientes impotente para arreglar una relación rota, solicita una reunión con la persona y pídele que te explique la mejor forma sobre cómo puedes restaurar la relación.

1. Piensa en aquellas personas cuyo éxito resientes o codicias. ¿Cuál crees que es el verdadero origen de esas emociones negativas? ¿Estas personas están viviendo su vocación de una forma que tú mismo te has impedido?

_____

_____

_____

_____

_____

_____

_____

_____

_____

_____

_____

_____

_____

2. ¿Qué influencias negativas necesitas eliminar de tu entorno? ¿Quién y/o qué te inspira dudas, desánimo, miedo y el pensamiento pesimista? ¿Cómo puedes rodearte de influencias positivas que fomenten una mentalidad de confianza y perseverancia?

_____

_____

_____

_____

_____

_____

_____

_____

_____

_____

_____

_____

_____

_____

CAPÍTULO 2

ENCONTRAR OPORTUNIDADES
EN LA DERROTA TEMPORAL

Todo fracaso trae consigo la semilla de una
oportunidad equivalente.

-Napoleón Hill, *Piense y Hágase Rico*

EL capítulo anterior hacía hincapié en la importancia de tu estado mental para determinar si el miedo alimenta -o descarrila- tu camino hacia el éxito. Este capítulo profundiza en la psicología del éxito para que puedas construir la fe y la confianza que necesitas en tí mismo para vencer los fantasmas del miedo que te impiden perseguir de todo corazón tus sueños, ya sean riquezas materiales, logros profesionales, desarrollo intelectual o felicidad en tus relaciones. Cuando eres capaz de reconocer que cada obs-táculo es una oportunidad de crecimiento personal y profesional, toda adversidad se convierte en una oportunidad. Ese cambio mental es uno hacia la conciencia del éxito, y es la perspectiva que necesitas para reconocer las oportunidades que el universo te envía, particularmente durante los tiempos difíciles.

LA SEMILLA EN LA TORMENTA

Hill describe su filosofía del éxito como "el arte de convertir la derrota en peldaños de oportunidad"[1]. Explica que la oportuni-dad "tiene la astuta costumbre de colarse por la puerta de atrás, y a menudo viene disfrazada en forma de desgracia o derrota tem-poral. Tal vez", señala, "ésta sea la razón por la que tantos fracasan a la hora de reconocer una oportunidad."[2]

Cuando la mayoría de las personas experimentan adversidades, permiten que sus pensamientos dominantes se caractericen por el miedo, el fatalismo y la autocompasión. Se centran en lo negativo, lo que a su vez acentúa los elementos negativos de su vida, invita a más problemas e inhibe su progreso hacia su objetivo principal definido. Esta mentalidad se conoce como conciencia del fracaso, y es el camino más seguro hacia la derrota duradera. Al centrarnos en nuestras limitaciones y obstáculos percibidos, nuestro subcons-ciente trabaja de forma silenciosa y constante para garantizar que esas limitaciones se materialicen en nuestras vidas.

Hill ofrece el siguiente consejo crucial para cambiar nuestra perspectiva:

No cabe duda de que cada uno de ustedes experimentará decepciones y reveses temporales. Y tampoco hay duda de que la tragedia colectiva -posiblemente en forma de guerra o depresión- afligirá a tu generación así como lo hizo con las que les precedieron.

Pero aquí puedo ofrecerles otra verdad de la ciencia del logro personal la que fue un placer para mí formular durante los últimos cincuenta años: es saber, que cada adversidad lleva consigo la semilla de un beneficio equivalente. Permítanme repetirlo: *Toda adversidad lleva consigo la semilla de un beneficio equivalente.*[3]

Todas las personas que han alcanzado la cima del éxito se han encontrado con algún tipo de derrota temporal, pero han permanecido en el juego el tiempo suficiente para encontrar el lado positivo de la adversidad. Reconocen que el miedo y la frustración no tienen por qué ser destructivos; si se canalizan adecuadamente, pueden alimentar el camino hacia el éxito. Como se afirma en un artículo de *Harvard Business Review:* "Para emprendedores" -y, añadiría Hill, para todos los soñadores prácticos- "el coraje no es la ausencia de miedo, sino la capacidad de persistir a pesar de él."[4]

Uno de ellos es Alexander Graham Bell, inventor del teléfono. En 1857, Bell experimentaba con una máquina llamada fonógrafo para revolucionar la enseñanza del inglés estándar a personas con discapacidad auditiva. Aunque su "fonógrafo de oído" no logró el objetivo deseado como recurso educativo, allanó el camino para la creación del teléfono, ya que le permitió comprender el mecanismo timpánico del oído y construir una tecnología de sonido que lo replicara. Un pequeño contratiempo dio lugar a uno de los inventos más significativos del mundo moderno. ¡Imaginemos que Bell hubiera interrumpido sus experimentos sonoros porque su dispositivo de escritura del habla no hubiera alcanzado su objetivo!

Michael Jordan ilustra de forma similar que la derrota puede ser una fuente de mayor éxito -una oportunidad para distinguirse a través de la valentía y la originalidad. El inimitable jugador de baloncesto no consiguió entrar en el equipo universitario cuando era estudiante de segundo año en el instituto. En lugar de considerar su derrota como definitiva, trabajó incansablemente para desarrollar sus habilidades mientras estaba en el equipo junior. No sólo entró en el equipo universitario al año siguiente, sino que se convirtió en uno de los mejores jugadores de baloncesto de todos los tiempos. Es más, cerrando los ojos periódicamente para imaginarse la lista del equipo universitario sin su nombre en ella, utilizó su miedo para alimentar su motivación para entrenar mejor y rendir mejor que los demás jugadores. Una vez más, vemos que el éxito suele estar al otro lado del miedo... y del fracaso. Porque "todo fracaso lleva consigo la semilla de un éxito equivalente."[5]

Incluso la Gran Depresión, en la opinión de Hill, fue una bendición para quienes tenían espíritu emprendedor y una actitud mental positiva. En muchos sentidos, niveló el campo de juego, restableciendo las probabilidades de que una persona alcanzara el éxito. Como escribe Hill, "La 'depresión' fue una bendición disfrazada. Redujo el mundo entero a un nuevo punto de partida que brinda a cada uno una nueva oportunidad."[6] El uso de Hill de comillas alrededor de la palabra "depresión" demuestra que incluso la adversidad más profunda puede reinterpretarse como una oportunidad de progreso. En medio de los desafíos, podemos elegir entre rendirnos o pivotar. Pero para pasar de una posición de miedo y fracaso a otra de buena fortuna, hace falta un ingrediente crucial: *la fe*.

> En medio de los desafíos, podemos elegir entre rendirnos o pivotar.

FE

La fe protege la mente de los efectos destructivos del miedo. Como dijo Hellen Keller: "La fe activa no conoce el miedo....

Niega la desesperación."[7] Cuando te encuentres con una derrota temporal -y no te equivoques, si haces algo que merezca la pena, te encontrarás con ella- debes elegir entre la fe y el miedo, porque no pueden habitar en la mente al mismo tiempo. Como explica Hill:

¡Las emergencias de la vida llevan a menudo a los hombres a las encrucijadas, donde se ven obligados a elegir su dirección, estando marcado un camino por la Fe y otro por el Miedo!

¿Qué es lo que hace que la inmensa mayoría tome el camino del Miedo? ¡La elección depende de la *actitud mental de* cada uno!

El hombre que toma el camino de la Fe es el hombre que ha condicionado su mente para creer; la ha condicionado poco a poco, mediante decisiones rápidas y valientes en los detalles de sus experiencias diarias. El hombre que toma el camino del Miedo lo hace porque ha descuidado condicionar su mente para ser positivo.[8]

Puedes elegir si dejas que el miedo escriba tu historia o si te esfuerzas por construir activamente tu fe. Aunque algunas personas pueden estar más predispuestas hacia el pensamiento positivo y la confianza en sí mismas, no hay ser humano en esta tierra que no tenga que reforzar sus creencias positivas con un diálogo interno de afirmación. Hay demasiado ruido, tanto interno como externo, como para no filtrar la información sensorial que entra en nuestra mente consciente antes de que llegue a nuestro subconsciente, donde esos pensamientos se convierten en el modelo de nuestras acciones.

Cuando cultivamos la conciencia de los pensamientos negativos que entran en nuestra consciencia y las emociones negativas que experimentamos como resultado, podemos reutilizarlos para alimentar nuestro éxito. Por desgracia, como señala Hill, "la mayoría de las personas nunca aprenden el arte de transmutar sus emociones más fuertes en sueños de naturaleza constructiva."[9] Los que se distinguen por su riqueza, influencia o capacidad reconocen las emociones negativas como el miedo antes de que el subconsciente las procese como un proyecto para la acción (o la inacción, como puede ser el caso del miedo). Debemos condicionar nuestra mente para creer que no sólo recibiremos lo que más deseamos, sino que ya nos ha sido asignado; todo lo que tenemos que hacer es identificar y poner en práctica los planes prácticos necesarios para reclamarlo.

Si las personas afrontan los obstáculos con fe en lugar de con miedo -si pueden utilizar los retos como un medio para generar nuevas ideas -pueden lograr más éxitos de los que habrían conseguido en circunstancias normales. Como afirma Hill, "El mundo entero debería saber ya que la fe es el punto de partida de todo esfuerzo constructivo de la humanidad y que el miedo es el principio de la mayoría de los esfuerzos destructivos del hombre."[10]

La fe logra lo que las ventajas materiales, las conexiones y la educación no pueden. Hill aprendió, por experiencia propia, los límites de los recursos tangibles como el dinero. Cuando su banco cerró sus puertas durante la Depresión, descubrió que

> La fe puede lograr lo que ni todo el dinero del mundo puede conseguir. Cuando poseía todo el dinero que necesitaba, había cometido el grave error de creer que el dinero era poder. Ahora vino la asombrosa revelación de que el dinero, sin fe, no es más que metal inerte, sin poder alguno.[11]

Más adelante añade:

> Mi banco se ha hundido, pero sigo siendo más rico que la mayoría de los millonarios porque tengo fe, y con ella puedo acumular otras cuentas bancarias y adquirir lo que necesite para sostenerme en esta vorágine de actividad conocida como "civilización". Es más, soy más rico que la mayoría de los millonarios porque dependo de una fuente de poder que se me revela desde dentro, mientras que ellos recurren al teletipo bursátil en busca de poder y estímulo.[12]

Ahora que sabes que la verdadera fuente de poder no es algo que esté fuera de tu alcance, no dejes que las circunstancias sirvan de excusa para que tu miedo te mantenga abatido en la vida. Cree en tu capacidad para alcanzar tus sueños utilizando la fórmula de la fe de Napoleón Hill. Como él exclama: "¡La FE es el único antídoto conocido contra el FRACASO!"[13]

FÓRMULA PARA LA FE

1. No sólo puedo alcanzar mi objetivo principal definido, sino que lo alcanzaré, por lo que prometo emprender acciones constantes para lograrlo.

2. Reconociendo que mis pensamientos dominantes se convertirán en realidad, me comprometo a concentrarme 30 minutos cada día en una imagen mental clara de quién es la persona en la que más deseo convertirme y cómo será mi vida cuando haya alcanzado este deseo.

3. Reconociendo que cualquier deseo en el que me concentre buscará expresión en forma física, dedicaré 10 minutos cada día a insistir a mi subconsciente en que tengo confianza en mí mismo.

4. Una vez escrito mi objetivo principal en la vida, me prometo a mí mismo que nunca dejaré de intentar alcanzarlo.

5. Me comprometo a basar todos mis esfuerzos en el amor a la humanidad y en la intolerancia hacia las emociones inferiores como el odio, la envidia, los celos, el egoísmo y el cinismo. Rechazaré cualquier oportunidad que no beneficie a todas las partes implicadas, comprendiendo que el servicio a los demás es la forma más segura de construir aliados y alcanzar el éxito.

Cuando se repite en voz alta una vez al día, esta fórmula puede aportarte gran prosperidad, paz mental y otras riquezas inestimables, pero también aporta una riqueza mucho mayor -el conocimiento cierto de que la adversidad es ventajosa cuando se ve correctamente.

> La adversidad es ventajosa cuando se ve correctamente.

REIVINDICA TU VALENTÍA

Domina el miedo al fracaso encontrando oportunidades en la adversidad. Por ejemplo:

- Si rechazan tu argumento de venta, pregúntate qué puedes aprender de él. Responde a las siguientes preguntas: ¿Por qué no te eligieron a ti o a tu producto? ¿Qué preguntas de seguimiento podrías hacerles -o incluso hacerte a ti mismo- para aprender del rechazo? ¿Cómo puedes crecer a partir de ello? ¿Qué otras puertas podrían abrirse gracias a este rechazo?

- Si pierdes tu trabajo, piensa qué mejor oportunidad te espera. ¿Qué otro puesto podrías encontrar que te diera más libertad, más ingresos y/o más tiempo con tu familia? ¿Podrías finalmente hacer el cambio de carrera que tanto has deseado?

- Si sufres un retroceso financiero, aprovéchalo para elaborar un plan financiero de modo que tu seguridad no dependa de lo que te depare la vida. Considera también qué oportunidades adicionales tienes a tu alcance para obtener ingresos extra.

Utiliza la siguiente tabla para identificar las semillas de oportunidad que podrían encontrarse en los focos de adversidad de tu vida. En la columna de la izquierda, escribe una lista de todos los desafíos a los que te enfrentas actualmente, incluidos los miedos que te impiden realizar tus sueños. En la columna de la derecha, haz una lluvia de ideas sobre las oportunidades que podrías encontrar en cada uno de esos obstáculos.

Desafíos	Oportunidades

CAPÍTULO 3

MIEDO Y PREOCUPACIÓN

Sin duda, la debilidad más común de todos los seres humanos es el hábito de dejar sus mentes abiertas a la influencia negativa de otras personas.

-Napoleón Hill, *Piense y Hágase Rico*

"EL miedo derrota a más personas que cualquier otra cosa en el mundo."[1] La capacidad de desinflar esta fuerza puede significar, y a menudo significa, la diferencia entre el éxito y el fracaso, la felicidad y la miseria.

"El Miedo", así llamado por Hill en *Piense y H*ágase *Rico*, es un virus fatal para el éxito: se multiplica en el interior de un individuo hasta destruir sus órganos de creatividad e industria.

Sus efectos tóxicos no se limitan a su huésped: es extraordinariamente contagioso y propaga su veneno de persona a persona. Una vez presa del miedo, puede resultar extremadamente difícil salir de él, ya que requiere identificar y desarraigar las ideas erróneas que se han incrustado en el subconsciente y, en el proceso, se han envuelto en una neblina general de preocupación.

Cuando los que se encuentran con una derrota temporal responden con miedo, los resultados pueden ser bastante desastrosos, especialmente cuando la respuesta es generalizada. Para Hill, esto es lo que exacerbó las consecuencias negativas de la Gran Depresión. Como él escribe, "El mundo entero ha tenido una amplia oportunidad, durante la reciente depresión económica, de ser testigo de lo que la FALTA DE FE puede hacer a los negocios."[2] Continúa: hay "evidencia en abundancia de que el MIEDO generalizado paralizará las ruedas de la industria y los negocios."[3] El miedo puede paralizar toda una economía, destruyendo el sustento de millones de personas y su fe en sí mismas.

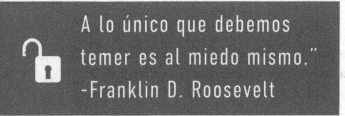

A lo único que debemos temer es al miedo mismo."
-Franklin D. Roosevelt

Reconociendo que esta emoción negativa fue la responsable de avivar las llamas de la histeria financiera durante la Depresión,

Hill dio a Franklin D. Roosevelt la idea para la famosa frase de su discurso de investidura: "A lo único que debemos temer es al miedo mismo."[4] De hecho, es tan insidioso que Hill incluye "Liberarse del Miedo" como la cuarta de las Doce Riquezas de la Vida. Él razona:

> ¡Ningún hombre que tema algo es un hombre libre! El miedo es un presagio del mal, y dondequiera que aparezca uno puede encontrar una causa que debe ser eliminada antes de que pueda llegar a ser rico en el sentido más pleno.[5]

Pero no desesperes -existe una cura para esta enfermedad, que exploraremos en el próximo capítulo. Primero debemos desmitificar los siete miedos primarios y un octavo saboteador tan malicioso que Hill se refiere a él como un "mal".

CUANDO LA VULNERABILIDAD ES PELIGROSA

A lo largo de sus estudios, Hill identifica una fuerza natural que hace que los hábitos de pensamiento, incluidos los basados en el miedo, sean extraordinariamente poderosos:

> ¿Qué extraño temor es el que se introduce en la mente de los hombres y cortocircuita su acercamiento a este poder secreto de su interior, y que cuando es reconocido y utilizado eleva a los hombres a grandes alturas de realización? ¿Cómo y por qué la inmensa mayoría de las personas del mundo se convierten en víctimas de un ritmo hipnótico que destruye su capacidad de utilizar el poder secreto de su propia mente? ¿Cómo se puede romper este ritmo?[6]

A lo que Hill se refiere aquí es a lo que él llama "Fuerza Cósmica del Hábito" -la fuerza que puede trabajar para bien o para mal dependiendo de si los pensamientos que replica son constructivos o destructivos. Debido al increíble poder del subconsciente para trabajar a nuestro favor o en nuestra contra al materializar nuestros pensamientos dominantes (ya sean voluntarios o involuntarios), el mayor "mal" al que nos enfrentamos como humanos -algo más dañino que cualquiera de los seis miedos básicos- es nuestra *susceptibilidad a las influencias negativas*. Para subrayar el epígrafe que abre este capítulo: "Sin duda, la debilidad más común de todos los seres humanos es el hábito de dejar sus mentes abiertas a la influencia negativa de otras personas."[7] Nuestra vulnerabilidad a la negatividad y a las ideas equivocadas de los demás produce los mismos resultados que la hipnosis: nos adormecemos en un estado de indefensión y de comportamiento autodestructivo, ya sea en forma de inacción o de frenesí. Esto permite que los pensamientos destructivos se incrusten en nuestro subconsciente y trabajen en conjunto con él para convertirse en realidad.

Para combatir esta tendencia dañina, debes desarrollar tu reserva de fuerza de voluntad, construyendo una fortaleza alrededor de tu mente subconsciente y filtrando cualquier mensaje destructivo antes de que se arraiguen a ella. Este defecto es tremendamente difícil de reconocer, señala Hill, porque la mayoría de las personas no son conscientes de que están bajo la influencia de otros, y cuando lo reconocen suelen negarse a abordarlo. Reconoce que tú eres el más susceptible a las influencias negativas que armonizan con tus debilidades. Por ejemplo, si ya te da miedo asumir riesgos, te dejarás influir más fácilmente por mensajes que jueguen con ese miedo. Saber esto sobre ti mismo puede ayudarte a abordar de forma más crítica los mensajes que refuerzan tu miedo a asumir riesgos, comprobando su veracidad antes de aceptarlos sin dudar.

En segundo lugar, debes evitar a las personas negativas y mantenerte en compañía únicamente de individuos que te apoyen y te animen a pensar y actuar por ti mismo. Como suele decirse, eres la combinación de las cinco personas con las que pasas más tiempo. Por extensión, si pasas la mayor parte de tus días con personas que suscriben la negatividad y el frenesí inducido por los medios de comunicación, es probable que tú mismo te conviertas en un agente de este pánico. (Nuestra susceptibilidad a las influencias negativas hace que nos sometamos al control de fuerzas externas, reduciéndonos a meros medios de propaganda. Cuando se ignora, esta tendencia nos encadena, obligándonos a ser prisioneros del miedo. Cuando se expone, puede contrarrestarse construyendo un muro de inmunidad en la mente. Realiza la evaluación que aparece al final del libro para determinar lo susceptible que realmente eres a las influencias negativas de los demás, y utiliza los resultados para ayudarte a establecer límites que protejan tu actitud mental y la trayectoria que toma tu vida.

LOS SIETE FANTASMAS DEL MIEDO

"Todo ser humano tiene la capacidad de controlar completamente su propia mente."[8] Para convertirse en el dueño de tu destino y aprovechar el inmenso poder de tu mente para crear la vida de tus sueños, primero debes comprenderte a tí mismo, reconociendo a cuál de los siete miedos básicos eres más susceptible. Si alguna de estas influencias negativas está operando en tu subconsciente, entonces lo que Hill denomina tu "Sexto Sentido" -tu imaginación creativa, que genera planes concretos para la consecución de tus deseos- no podrá funcionar correctamente. En otras palabras, el miedo es un estado mental que inhibe la parte de nuestro cerebro responsable de la inspiración. Cuando estamos controlados por el miedo, nuestra perspectiva es demasiado limitada para ver las oportunidades que nos rodean. Debemos quitarles poder a los fantasmas del miedo poniéndoles nombre y reconociendo que son emociones poco fiables, no hechos sobre los que apostar nuestro futuro. A continuación, se enumeran los siete miedos más comunes, en los que se pueden agrupar todos los demás miedos:

- Miedo a la pobreza
- Miedo a la crítica
- Temor a la mala salud
- Miedo a perder el amor
- Miedo a perder la libertad[9]
- Miedo a la vejez
- Miedo a la muerte

> Los miedos son emociones poco fiables, no hechos sobre los que apostar nuestro futuro.

1. MIEDO A LA POBREZA

El miedo a la pobreza es el más destructivo de los siete miedos básicos porque es el más difícil de dominar. Se ha arraigado en la naturaleza humana debido a nuestra tendencia a aprovecharnos de los demás para nuestro propio beneficio económico, así como a nuestra conciencia del sufrimiento que conlleva la pobreza, incluido el daño que causa a nuestro ego. Sobre este miedo, Hill escribe:

> Este miedo paraliza la facultad de la razón, destruye la facultad de la imaginación, acaba con la confianza en uno mismo, debilita el entusiasmo, desalienta la iniciativa, conduce a la incertidumbre de los propósitos, fomenta la procrastinación... y convierte el autocontrol en una imposibilidad. Le quita el encanto a nuestra propia personalidad, destruye la posibilidad de pensar con precisión, desvía la concentración del esfuerzo, domina la persistencia, convierte la fuerza de voluntad en nada, destruye la ambición, nubla la memoria e invita al fracaso en todas las formas imaginables... todo esto a pesar de la verdad obvia de que vivimos en un mundo de sobreabundancia de todo lo que el corazón puede desear, sin nada que se interponga entre nosotros y nuestros deseos, excepto la falta de un propósito definido.[10]

Los síntomas más comunes del miedo a la pobreza son los siguientes: falta de ambición, incapacidad para pensar por uno mismo, uso de la duda para excusar los propios fracasos, comportamiento autodestructivo en forma de gasto excesivo e intemperancia, crítica habitual de los demás y exceso de cautela que conduce a la inacción. Por miedo a la pobreza, no buscamos oportunidades de negocio ni perseguimos nuestros sueños. Nos consume tanto la percepción de nuestra falta de recursos económicos que el resentimiento se come nuestra originalidad, responsabilidad y persistencia. Perdemos el tiempo obsesionándonos con nuestro saldo bancario en lugar de desarrollar un plan para crear riqueza. En nuestra ociosidad, fruncimos el ceño ante quienes han alcanzado el éxito tras dominar este miedo mediante la aceptación de riesgos calculados y desarrollamos una personalidad negativa caracterizada por la tacañería y la amargura o, alternativamente, la intemperancia y la indiferencia.

Podemos ver los desastrosos efectos de este miedo en la respuesta del público a la quiebra de Wall Street de 1929 -una respuesta que intensificó la crisis económica hasta convertirla en depresión. Hill lo explica:

El pueblo estadounidense empezó a pensar en la pobreza a raíz de la quiebra de Wall Street de 1929. Lenta pero inexorablemente, ese pensamiento de la masa cristalizó en su equivalente físico, lo que se conoció como "depresión". Esto tenía que ocurrir, es conforme a las leyes de la Naturaleza.[11]

¿Por qué la ley natural dictó que el miedo generalizado a la pobreza debía materializarse en una depresión económica? Es la misma razón por la que la autosugestión, o la repetición de pensamientos racionalizados para programar el subconsciente, es tan poderosa: "todo pensamiento tiene tendencia a revestirse de su equivalente físico.»[12] El miedo a la pobreza nunca puede traducirse en beneficios económicos -sólo en dificultades y limitaciones económicas.

¿TIENES MIEDO A LA POBREZA O A LA PÉRDIDA DE BIENESTAR ECONÓMICO?

1. ¿El miedo a la pobreza te frena porque valoras más las cosas que la libertad de pensamiento y de tiempo?

_____

_____

_____

2. ¿No persigues tus sueños ni exploras oportunidades de negocio porque te preocupa perder dinero?

_____

_____

_____

¡Ahora es el momento perfecto para crear un plan financiero que te permita vencer el miedo a la pobreza mediante una planificación organizada!

2. MIEDO A LA CRÍTICA

Si echamos un vistazo a las redes sociales de todo el mundo y al uso de Internet como cámara de eco, nos daremos cuenta de lo común que se ha vuelto el miedo a la crítica en el mundo actual. Hill atribuye su origen a la tendencia humana a justificar las acciones atroces hacia los demás atacando su carácter -en otras palabras, a construirnos a nosotros mismos derribando a los demás. Este miedo es responsable de las tendencias a complacer a la gente, la compulsión a "estar a la altura de los Jones" y la aceptación acrítica de la doctrina y las narrativas dominantes. Nos saboteamos a nosotros mismos porque nos preocupa que nuestro riesgo reciba una respuesta negativa o una carcajada, sobre todo por parte de nuestros seres queridos. Este miedo arraiga más profundamente en individuos cuyos padres fueron muy críticos con ellos de niños, lo que les hizo desarrollar un complejo de inferioridad. Los padres y otros mentores deberían tener en cuenta que las críticas sólo siembran miedo y resentimiento, mientras que el amor y la retroalimentación constructiva generan un auténtico deseo de superación personal basado en la comprensión de la propia valía.

Cuando este miedo se desarrolla, disminuye la creatividad, destruye la capacidad de pensar por uno mismo y debilita la iniciativa. Los síntomas incluyen *timidez,* que a menudo se manifiesta como torpeza social y timidez; *indecisión*, sobre todo a la hora de adoptar y expresar posturas firmes sobre cuestiones importantes; *un sentimiento de inferioridad* enmascarado por una mayor atención a la apariencia personal; *extravagancia* destinada a "estar a la altura de los Jones"; *falta de iniciativa,* que se manifiesta como postergación; y *falta de ambición,* como resultado de la preocupación de que cualquier movimiento audaz acarreará críticas.

¿TIENES MIEDO A LA CRÍTICA O LA FALTA DE ACEPTACIÓN?

1. ¿Pides -y aceptas- críticas constructivas? ¿Cómo puedes ser más audaz a la hora de pedir comentarios para superar el miedo a la crítica? Una vez que recibas esta retroalimentación, ¿cómo puedes evaluar su utilidad sin sacrificar tu certeza en tu propósito principal definido?

    _____

    _____

    _____

2. ¿De qué manera te involucras en las tendencias de complacer a la gente? ¿Cómo puedes superar estas tendencias creando un estilo de vida acorde con tus propios deseos? ¿Cómo puede servir la satisfacción como arma contra el impulso de "estar a la altura de los Jones"?

    _____

    _____

    _____

¡Ahora es el momento perfecto para establecer tus valores, de modo que puedas vencer el miedo a la crítica y construir un estilo de vida y una carrera que sean auténticos para ti!

3. MIEDO A LA MALA SALUD

Este miedo, como el miedo a la vejez y el miedo a la muerte, siempre está presente en algún nivel, en la medida en que a los seres humanos no les gusta enfrentarse a su propia mortalidad y desarrollan neurosis cuando se centran demasiado en ella. Dado que nuestro subconsciente trabaja materializando nuestros impulsos de pensamiento -especialmente los que están muy racionalizados- "el miedo a la enfermedad... a menudo produce los síntomas físicos de la enfermedad a la que se teme."[13] Sus otros efectos incluyen los siguientes: *adicción a las modas de la salud*; *hipocondría*; *debilitamiento del sistema inmunológico*, causado por la mente que trabaja para crear condiciones favorables para la enfermedad; *autoindulgencia*, o uso de una enfermedad percibida o esperada como excusa para el fracaso o la falta de ambición; e *intemperancia*, resultado de un intento de usar alcohol y otros narcóticos como medio para combatir los síntomas desagradables de la mala salud en lugar de las causas que los provocan.

El pánico es, por definición, un miedo que ha pasado de constructivo a destructivo -de controlado a frenético.

Como hemos visto, el miedo a la mala salud alcanza proporciones épicas en tiempos de pandemia, enviando a la gente en masa a las tiendas para vaciar las estanterías de papel higiénico, desinfectante de manos y mascarillas. Según *National Geographic*, esta "compra de pánico" es una respuesta evolutiva destinada a inducir una sensación de control sobre la propia supervivencia.[14] Y, sin embargo, el pánico es, por su propia definición, un miedo que ha pasado de constructivo a destructivo, de controlado a frenético.

El pánico ante las epidemias se produce en gran parte gracias a los medios de comunicación, que aprovechan la propagación de enfermedades como una oportunidad para generar ingresos alimentando los temores de las personas. Hill se dio cuenta de ello con el brote de gripe española de 1918:

Durante la epidemia de "gripe" que estalló durante la guerra mundial, el alcalde de la Ciudad de Nueva York tomó medidas drásticas para frenar el daño que las personas se hacían a sí mismas por su miedo inherente a la mala salud. Él llamó a los periodistas y les dijo: "Señores, creo que es necesario pedirles que no publiquen titulares alarmistas sobre la epidemia de 'gripe'. A menos que cooperen conmigo, tendremos una situación que no podremos controlar". Los periódicos dejaron de publicar historias sobre la "gripe", y en el plazo de un mes la epidemia había sido controlada con éxito.[15]

Alimentando al público con una historia de terror tras otra, los medios de comunicación someten las facultades de razonamiento de sus espectadores hasta que se vuelven totalmente dependientes y adictos a las noticias para obtener un subidón de adrenalina y justificar su estado de indolencia. Estos mensajes cortocircuitan eficazmente nuestro cerebro porque, ante incertidumbres profundas, nuestro cerebro se protege aplicando el sesgo de disponibilidad: recupera y confía en la información más accesible, que son los mensajes recurrentes que vemos en los titulares.[16] Por ello, las personas harían bien en limitar la cantidad de noticias que consumen en tiempos de pandemia para no dejar que el miedo a la enfermedad afecte a su salud mental y a su capacidad de seguir adelante con sus tareas habituales, incluidas las acciones que deben seguir realizando para alcanzar su objetivo principal definido.

¿TIENES MIEDO A LA ENFERMEDAD?

1. A menudo tememos a la enfermedad porque reconocemos que no nos estamos cuidando como deberíamos. ¿Cómo puedes dedicar más tiempo a tu autocuidado -ejercicio, meditación, relajación, etc.- para mejorar tu salud mental y física?

_____

_____

_____

2. ¿De qué manera la superstición y el frenesí de los medios de comunicación perpetúan tu miedo a la mala salud? ¿Qué tendencias o temores relacionados con la salud rigen tu modo de vida hasta el punto de volverte neurótico?

_____

_____

_____

¡Ahora es el momento perfecto para crear un plan de salud en relación con la dieta, el estilo de vida y el ejercicio basado en un asesoramiento médico sólido"

4. MIEDO A PERDER EL AMOR

Cuando nos enamoramos, ese amor suele ir acompañado del miedo a perder a esa persona, ya sea por la muerte o por otra persona. En muchos sentidos, este miedo puede ser el más debilitante, ya que puede alterar por completo nuestra percepción de la realidad, sesgando la forma en que procesamos los datos sensoriales y afectando a nuestra salud mental. Sus síntomas más comunes son *los celos,* o sospecha constante e inmerecida; la *búsqueda de defectos*, atención hipercrítica dirigida a todo el mundo, no sólo a la pareja; la *extravagancia*, utilizada para "comprar el amor"; y el *adulterio*, o engañar a la pareja por miedo a que él o ella sea infiel primero. Los que caen presa de este miedo a menudo se aseguran de que esté justificado porque envenena la relación, alejando a su pareja de ellos.

¿TIENES MIEDO AL ABANDONO Y LA PÉRDIDA DEL AMOR?

1. ¿De qué manera intentas protegerte para que no te hagan daño alejando a los demás?

    _____

    _____

    _____

    _____

2. Si te centras en amar a los demás en lugar de en ser amado, hay menos espacio para los celos, la búsqueda de culpables, la sospecha y otros comportamientos que sabotean una relación. ¿Cómo puedes abrir tu corazón para dar más amor?

    _____

    _____

    _____

    _____

   ¡Ahora es el momento perfecto para comprometerse a amar a los demás desinteresadamente y sin vacilar! ¡Descubrirás que cuanto más amor des, más amor recibirás a cambio!

5. MIEDO A PERDER LA LIBERTAD

Los seres humanos valoran tanto su independencia que cualquier amenaza a su libertad provoca una dramática respuesta de lucha o huida. Temiendo que se violen nuestros derechos individuales, creamos discordia entre nosotros y los demás con opiniones políticas diferentes. Tratamos cualquier opinión discrepante como si fuera un ataque personal a nuestro propio ser. No nos arriesgamos en los negocios ni en la vida por miedo a perder nuestra independencia económica. Evitamos el tema de la discapacidad o la vejez por miedo a pensar en una vida sin total independencia física. Este miedo contamina nuestra relación profesional con nuestros superiores al permitir que el resentimiento se agrave cuando sentimos que no tenemos voz.

En última instancia, este miedo hace que nos encerremos en nosotros mismos por sospecha de que alguien de fuera pretenda controlarnos de alguna manera, pero al hacerlo, le cedemos nuestro control. Al construir muros a nuestro alrededor, perdemos oportunidades que surgirían de la colaboración, el compromiso y la aceptación calculada de riesgos. Los síntomas más comunes de este miedo son los *prejuicios y el dogmatismo, es* decir, los puntos de vista de una mente limitada para salvaguardar nuestra visión del mundo; el *acaparamiento*; *la paranoia*; el *comportamiento controlador (por* ejemplo, seguir rutinas estrictas para ejercer control sobre nuestra vida); la *apatía, es* decir, no emprender ningún plan concreto por miedo a sus consecuencias económicas; y el *aislamiento social*, derivado de la falta de voluntad o la incapacidad para colaborar con los demás.

¿TIENES MIEDO A PERDER TU LIBERTAD?

1. ¿Cómo puedes abrir tu mente a ideas y creencias que difieren de las tuyas?

_____

_____

_____

_____

2. ¿Cómo puedes ampliar tu perspectiva aprendiendo a apreciar las influencias de afuera de tu comunidad? Piensa en cómo los viajes pueden liberarte del miedo a perder la libertad.

_____

_____

_____

_____

¡Ahora es el momento perfecto para eliminar el miedo a perder la libertad encontrando seguridad y determinación en la diversidad de perspectivas!

6. MIEDO A LA VEJEZ

Este miedo suele aumentar con la edad. Se deriva de la asociación de la pobreza con la vejez y de la preocupación por lo que vendrá después de la muerte. También surge de la desconfianza hacia otras personas que podrían estar buscando una herencia, la preocupación por la posibilidad de una mala salud y calidad de vida, el miedo a la disminución del atractivo/actividad sexual y la preocupación por la pérdida de la propia libertad económica y física. Sus manifestaciones más pronunciadas pueden ser la *crisis de la mediana edad,* o la aparición repentina de la inmadurez en la "edad madura" como consecuencia del miedo a haber superado los "mejores" años; el *complejo de inferioridad,* o pensar que uno tiene menos valor a causa de la edad; y la *tendencia a conformarse* porque uno siente que es demasiado tarde para realizar sus sueños. Este miedo está magnetizado por una nostalgia debilitante que puede hacer que uno se centre demasiado en el pasado, descuidando el futuro. ¿Cuánto tiempo hemos perdido deseando revivir nuestra juventud en lugar de trabajar activamente para crear un futuro gratificante? Nunca es demasiado tarde para vivir tu mejor vida.

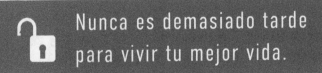

Nunca es demasiado tarde para vivir tu mejor vida.

¿TIENES MIEDO A LA VEJEZ?

1. Combate el miedo a que tus "mejores años" hayan pasado identificando los frutos del envejecimiento. ¿Qué beneficios y alegrías esperas disfrutar a medida que envejeces? ¿Qué nuevas libertades y oportunidades surgirán y cómo adquirirás sabiduría?

    _____

    _____

    _____

    _____

2. A menudo, el miedo es consecuencia de la ignorancia. ¿Cómo puedes sentirte más cómodo con el proceso de envejecimiento trabajando como voluntario en una comunidad de jubilados o ampliando tu grupo mental maestro para incluir a personas mayores?

    _____

    _____

    _____

    _____

¡Ahora es el momento perfecto para dejar de permitir que el miedo a envejecer te impida disfrutar de tu presente y planificar tu futuro!

7. MIEDO A LA MUERTE

El miedo a la muerte no suele deberse al miedo a morir, sino más bien al miedo a lo que la otra vida -o la falta de ella, según las creencias- pueda conllevar. Las visiones del fuego del infierno o de la nada hacen que los seres humanos repriman la idea de la muerte. Quienes son presa de este miedo agonizan ante las posibles amenazas a su supervivencia hasta el punto de tener miedo a vivir y perderse la vida. Los síntomas más comunes son la *inacción,* o la indecisión resultante de centrarse en la muerte; el *acaparamiento*, o miedo a la pobreza y a dejar a la familia sin recursos que se manifiesta en la adquisición obsesiva de bienes materiales; y el *fanatismo religioso*, o dejarse llevar por doctrinas religiosas extremas para sentirse mejor preparado para la muerte.

Hill afirma que el miedo a la muerte, si se canaliza adecuadamente, puede ser bastante productivo: si uno puede aceptar la muerte como una realidad, el pensamiento puede apartarse de la mente para poder centrarse en el servicio a los demás y en alcanzar el objetivo principal definido. Para Hill, la muerte no es algo que haya que temer porque no es más que otro ejemplo de lo que él denominó "transmutación", o transferencia de energía de un objeto (animado o inanimado) a otro. Siguiendo las leyes de la Naturaleza, la muerte no es un paso a la nada, ya que la energía no puede crearse ni destruirse; es simplemente una transición a otro estado.

¿TIENES MIEDO A LA MUERTE?

1. A menudo tememos a la muerte porque nos preocupa no haber "vivido" lo suficiente cuando nos llegue la hora. Para ello, la mejor cura para el miedo a la muerte es identificar y perseguir tu propósito principal definido. ¿Cómo puedes vivir de acuerdo con el propósito de tu vida en lugar de perder el tiempo en cosas que al final importarán menos?

    _____

    _____

    _____

2. El miedo a la muerte también se ve exacerbado por la sensación de que no estamos preparados para ella. ¿Qué relaciones necesitas poner en orden? ¿Qué planes financieros y para el final de la vida (por ejemplo, seguro de vida, testamento, testamento vital, poder notarial duradero, etc.) necesitas tener elaborados?

    _____

    _____

    _____

¡Ahora es el momento perfecto para vencer el miedo a la muerte construyendo tu propio legado!

Estos siete miedos -fuerzas intangibles que sólo existen en la mente- causan más estragos en la humanidad que cualquier enemigo "real". Pero está totalmente bajo el control del individuo regular su mente eliminando estos miedos o, alternativamente, utilizándolos para impulsar su éxito, y admitir sólo impulsos constructivos de pensamiento.

LA INFECCIÓN SECUNDARIA DE LA PREOCUPACIÓN

Cuando la pandemia del Miedo se extiende, el resultado es una afección secundaria conocida como Preocupación. Se produce cuando un miedo se ha incrustado tanto en el subconsciente que desestabiliza la mente, haciendo que uno se sienta indefenso e incapaz de tomar decisiones. Destruye la confianza en uno mismo y reduce la capacidad del individuo para actuar en función de sus sueños. Como explica Hill en *Piense y Hágase Rico*, preocuparse produce cuatro resultados negativos:

1. Transmite miedo a los demás.

2. Paraliza las facultades creativas y críticas.

3. Introduce un miedo en el subconsciente, que actúa para producir su equivalente físico.

4. Crea una personalidad negativa y desagradable.

Dado que invitamos a nuestras vidas al tema de nuestros pensamientos dominantes, la preocupación tiene tendencia a convertir nuestros miedos en realidad. Teniendo esto en cuenta, y con el pleno deseo de vivir en el presente, libres de los fantasmas del miedo, pasamos a explorar la cura para estas terribles afecciones.

LLAMADO A
LA VALENTÍA

Crea inmunidad frente a los contagios del miedo y la preocupación desarrollando una reserva de fuerza de voluntad. Por ejemplo:

- Si eres especialmente susceptible a las compras impulsivas, una manifestación del miedo a la pobreza crea un periodo de espera de tres días antes de comprar un artículo. Si compras por Internet, añade libremente el artículo a tu cesta, pero espera tres días completos para completar la compra. La mayoría de las veces, descubrirás que el impulso de comprar el artículo ha pasado. En cualquier caso, forzarte a esperar te ayudará a desarrollar fuerza de voluntad y contención en el gasto.

- Si luchas contra la procrastinación, otra manifestación del miedo a la pobreza, cómprate un temporizador y prográmalo para intervalos de 30 minutos. Durante esos 30 minutos, concéntrate exclusivamente en la tarea más urgente que tengas sobre la mesa. Cuando suene el temporizador, vuelve a programarlo para un descanso mental de 5 minutos y repite todo el proceso. A medida que desarrolles tu fuerza de voluntad, podrás programar el temporizador para más de 30 minutos. Con el tiempo, verás que no necesitas el temporizador para regular tus hábitos de trabajo.

Más allá de nuestras debilidades naturales, las influencias negativas de nuestro entorno pueden hacernos más propensos a una mentalidad basada en el miedo. Completa el cuestionario de autoanálisis que aparece al final de este libro. Según tus resultados, ¿hasta qué punto eres susceptible a las influencias negativas de los demás? ¿Cómo modificarás tu comportamiento diario para protegerte mejor de estas influencias?

CAPÍTULO 4

ENTRAR EN
LA CORRIENTE DEL PODER

Dile al mundo lo que pretendes hacer, pero primero demuéstraselo.

-Napoleón Hill, *Piense y Hágase Rico.*

OMO hemos visto en el último capítulo, el miedo nos hace prisioneros de nuestras emociones. Las influencias ambientales trabajan para reforzar estos lazos exacerbando nuestros miedos hasta que se convierten en pánico e histeria. Cuando nos mantenemos en un estado de miedo, somos inocuos y carecemos del impulso, la creatividad y la fortaleza necesarios para aprovechar las oportunidades de éxito. El miedo nos vuelve indefensos, apáticos, complacientes y, lo que es peor, fuentes de contagio que propagan el miedo y la preocupación a los demás.

Pero el mundo no necesita personas que se empapen del ruido de la sociedad y lo utilicen como excusa para mantener el status quo. Necesita pioneros que vean en los retos una oportunidad para crear algo nuevo y prestar un servicio a los demás mediante la innovación. Como dice Ralph Waldo Emerson: "No ha aprendido la lección de la vida quien no supera cada día un miedo."[1] Es hora de recuperar el control de tu vida, entrar en la corriente del poder y utilizar las increíbles facultades creativas de la mente para impulsar, en lugar de inhibir, tu éxito.

> El mundo necesita pioneros que encuentren oportunidades en la adversidad, en lugar de personas que utilicen el ruido social como excusa para mantener el status quo.

DEL HÁBITO A LA MENTALIDAD

Aunque los siete miedos básicos y el octavo mal pueden supurar y propagarse sin ser detectados en nuestro subconsciente, existe una cura relativamente sencilla. Según Hill, el "único antídoto conocido para estos gérmenes... es el hábito de la DECISIÓN rápida y firme."[2] Dado que los miedos trabajan para paralizarnos y llevarnos a un estado de inacción, la única cura para ellos es crear un impulso en una dirección constructiva, lo que requiere decisión. Como explica Hill, "El Miedo, el peor de todos los enemigos, puede curarse eficazmente mediante *la repetición forzada de actos de valentía.*"[3] Similar a la terapia de exposición, este tratamiento rompe el poder emocional del miedo enfrentándose a él por etapas, con la intención de demostrar la inocuidad de la fuente.[4] En otras palabras, si tomas sistemáticamente la decisión de actuar a pesar de tu miedo, ese miedo perderá su fuerza al ser sustituido por el conocimiento de su irracionalidad y la satisfacción de avanzar en tu camino hacia el éxito.

> "La mayoría de las personas son los sirvientes, no los amos de sus emociones, porque nunca han establecido hábitos definidos y sistemáticos de control sobre ellas."
>
> **-Napoleón Hill**

Reconocer que el miedo y la susceptibilidad a las influencias negativas son estados emocionales que han generado un conjunto de hábitos destructivos y, como tales, están *completamente bajo nuestro control*. Por ello, debemos proponernos crear nuevos y mejores hábitos mentales. Como explica Hill: "Todo hombre es un manojo de hábitos. Algunos los crea él mismo, mientras que otros son involuntarios. Los crean sus miedos y dudas y preocupaciones y ansiedades y codicia y superstición y envidia y odio."[5] Podemos controlar y dirigir nuestros hábitos de pensamiento, cortando la conexión entre emoción y pensamiento (y, a su vez, acción). La autodisciplina es crucial aquí: requiere ser consciente de nuestros sentimientos, incluidos los mensajes externos e internos que contribuyen a ellos; neutralizar los impulsos de pensamiento racionalizados antes de que penetren en nuestro subconsciente; y actuar en la dirección opuesta a la que el miedo intenta llevarnos.

Por ejemplo, cuando sientas miedo de hacer una llamada de ventas, puedes seguir el siguiente proceso: nombra y reconoce el sentimiento y el miedo del que deriva (el miedo a la crítica), respira profundo y libera la emoción al exhalar, sustituye el impulso de pensamiento destructivo por uno constructivo en forma de afirmación (por ejemplo, "Esta oportunidad, producto, etc., añadirá un valor significativo a la vida de esta persona") y, a continuación, actúa a pesar de tu miedo (por ejemplo, ¡coge el teléfono y haz la llamada!).

Dependiendo de cuáles sean los miedos más frecuentes en tu estado de ánimo, puedes elaborar tu plan de acción en consecuencia. Si, por ejemplo, luchas contra **el miedo a la pobreza**, puedes decidir conformarte con los recursos financieros de los que dispones y agradecerlos, independientemente de cuáles sean. Puedes regular tus gastos y ahorros de forma que te quedes tranquilo si atraviesas un periodo de sequía financiera.

Quienes luchan contra **el miedo a la crítica** pueden curarse tomando la decisión de no preocuparse por lo que la gente piense, diga o haga. Estableciendo su autoestima, pueden decidirse a repeler las palabras o actitudes negativas de los demás y a actuar sin tener en cuenta esa consideración.

El miedo a la mala salud puede curarse comprometiéndose a cuidar el cuerpo y la mente mediante una nutrición adecuada, ejercicio y autocuidado, así como decidiendo buscar y confiar en profesionales médicos capacitados cuando se experimenta cualquier síntoma inusual.

Para quienes están atormentados por **el miedo a perder el amor,** la decisión de vivir una vida plena y significativa con o sin pareja romántica puede liberarles de sus ataduras. Aprender a encontrar la alegría en las amistades y en la relación que uno tiene consigo mismo, así como confiar en la fortaleza de su relación romántica, no solo le liberará del tormento mental, sino que también profundizará el vínculo que comparte con su pareja.

El miedo a perder la libertad puede tratarse mediante la decisión de aceptar cualquier reto que se presente y ejercer control sobre la actitud y la determinación con que uno afronta cada día. Cuando se tiene la vida bajo control, es mucho más fácil resistirse a las influencias externas sin sospechar en exceso de las intenciones de los demás.

El miedo a la vejez puede curarse decidiendo aceptar el proceso de envejecimiento y disfrutar de los beneficios que conlleva, incluidas las oportunidades de sabiduría, ocio y construcción de un legado.

Y, por último, **el miedo a la muerte** puede curarse decidiendo aceptar la propia mortalidad y vivir plenamente el presente, apreciando cada día como una oportunidad para disfrutar de los frutos del amor, el servicio y el progreso.

> Decide hoy que nada vale el precio de la preocupación.

Para aquellos cuyos temores se han agravado hasta convertirse en un estado general de **preocupación**, la mejor cura es decidir de una vez por todas que nada vale el precio de la preocupación. Después de todo, ¿hay algo peor que el malestar y la insatisfacción perpetuos que provoca la preocupación? De hecho, la experiencia del miedo y la preocupación son a menudo más desagradables que aquello a lo que tememos.

LA ORILLA DERECHA DEL RÍO

Los hábitos nos impulsan en una dirección determinada debido a un principio natural que Hill denomina "Fuerza Cósmica del Hábito". Es la fuerza que sustenta el funcionamiento de la autosugestión, que es el proceso de alimentar tu subconsciente con pensamientos voluntarios o involuntarios para que trabaje para materializarlos. Los pensamientos magnetizados por la emoción son recibidos más fácilmente por el subconsciente, que actúa en consecuencia. Por eso el miedo puede ser tan destructivo: magnetiza los impulsos de pensamientos negativos y ordena al subconsciente que los manifieste en la realidad. Con el tiempo, estos pensamientos se fijan como estados mentales, lo que consolida aún más los hábitos de pensamiento que cambiaron nuestra perspectiva para empezar. Por ejemplo, el miedo a la pobreza puede fijarse como la mentalidad de la conciencia de la pobreza a través de pensamientos repetidos sobre la pérdida financiera -una mentalidad que no puede trabajar de manera constructiva para construir la riqueza financiera, sino que dirige el subconsciente y la Inteligencia Infinita para crear planes que cumplan con las expectativas negativas de la persona.

Para explicar el increíble poder de este principio para acelerar nuestro crecimiento o fracaso, Hill utiliza la metáfora del Gran Río de la Vida. Como este Gran Río, la Fuerza Cósmica del Hábito tiene una potencialidad tanto positiva como negativa, dos corrientes que fluyen en direcciones opuestas:

> Existe una gran corriente invisible de PODER, que puede compararse a un río; excepto que un lado fluye en una dirección, llevando a todos los que entran en ese lado de la corriente, hacia adelante y hacia arriba a la RIQUEZA; y el otro lado fluye en la dirección

opuesta, llevando a todos los que tienen la desgracia de entrar en él (y no son capaces de salir de él), hacia abajo a la miseria y la POBREZA.[6]

Utilizar los principios descritos anteriormente para filtrar los impulsos de pensamiento negativos y sustituirlos por otros constructivos, magnetizados por emociones positivas como la fe y el amor, te situará en el lado del río que trae el éxito, sea cual sea la forma en que lo definas. Como detalla Hill:

Puedes hacer que tus hábitos de pensamiento estén en orden y que te lleven a la consecución de cualquier objetivo deseado a tu alcance. O puedes permitir que las circunstancias incontrolables de tu vida hagan tus hábitos de pensamiento por ti y te llevarán irresistiblemente al lado del fracaso del Gran Río de la Vida.

Puedes mantener tu mente entrenada en aquello que deseas de la Vida y ¡conseguir justo eso! O puedes alimentarla con pensamientos de aquello que no deseas y te traerá, infaliblemente, justo eso. *Tus hábitos de pensamiento evolucionan a partir del alimento en el que habita tu mente.*[7]

Está completamente en tu mano vencer a los fantasmas del miedo, protegerte de las influencias negativas de los demás y crear hábitos de pensamiento que te preparen para un gran éxito y una realización profunda y duradera.

Enciende todos los poderes de tu voluntad y toma el control total de tu propia mente. ¡Es tu mente! Te fue dada como sierva para realizar tus deseos. Y nadie puede entrar en ella o influenciarla en lo más mínimo *sin tu consentimiento y cooperación.*[8]

LLAMADO A LA VALENTÍA

Rompe el poder emocional del miedo desvinculando los pensamientos y las acciones de las emociones negativas que los motivan. Por ejemplo:

- Si respondes a un conflicto gritando, puede que en realidad estés experimentando el miedo a perder la libertad, que te hace sentir amenazado cuando alguien no está de acuerdo contigo.

- Si renuncias a la primera señal de derrota -por ejemplo, si descartas prematuramente un plan de negocio porque no consigues atraer clientes en el primer mes-, es posible que en realidad estés experimentando el miedo a la pobreza y el miedo a la crítica, que hacen que te sientas ansioso y avergonzado por la lentitud de los progresos.

- Si experimentas un malestar a mitad de carrera, puede que en realidad estés sufriendo el miedo a la vejez, que puede provocar sentimientos de inferioridad.

Cultiva la conciencia de tus hábitos de pensamiento registrándolos durante una semana. Determina cuáles son constructivos y cuáles destructivos. Para cada impulso de pensamiento destructivo, identifica el miedo o la emoción negativa más grande que lo está magnetizando y toma la decisión de actuar (constructivamente) en oposición al sentimiento.

Día	Pensamiento	¿Constructivo o destructivo?	Miedo o emoción	Acción Basada en la Fe

1. ¿Qué nuevos pensamientos y comportamientos puedes implementar para solicitar a la Fuerza Cósmica del Hábito que trabaje a tu favor, traduciendo hábitos de pensamiento constructivos en estados mentales positivos?

2. Registra tus progresos, especialmente los cambios en tu mentalidad en general y las nuevas oportunidades que seas capaz de identificar.

CAPÍTULO 5

EL TEMPLE EN MASTERMIND

Cuando un hombre se convierte en dueño de sus propias emociones y aprende el bendito arte de expresarse a través del servicio útil a los demás, ha avanzado mucho en el desarrollo de una Actitud Mental Positiva.

-Napoleón Hill, La Llave Maestra de la Riqueza.

CADA individuo puede controlar sus pensamientos y emociones, pero este proceso puede verse muy favorecido por el principio de mastermind. Hill define mastermind como "una alianza de dos o más mentes, combinadas en un espíritu de perfecta armonía y que cooperan para la consecución de un propósito definido."[1] En virtud de esta alianza, los individuos pueden "absorber poder directamente del gran almacén universal de la Inteligencia Infinita", que estimula la mente para operar en una frecuencia de pensamiento más elevada dentro de un marco de fe, la emoción positiva más poderosa.[2]

> La paz mental es la forma definitiva de riqueza que produce dividendos infinitos.

Cuando se forma una asociación con personas cuyos conocimientos y experiencia complementan (no replican) los propios, se puede potenciar enormemente el Sexto Sentido, la imaginación creativa, que es la fuente de inspiración. Como explica Hill, "todo cerebro humano es a la vez una estación emisora y una estación receptora para la expresión de las vibraciones del pensamiento, y el efecto estimulante del principio de mastermind estimula la acción del pensamiento."[3] Esto ocurre de dos formas principales: una, a través del intercambio de ideas durante las reuniones periódicas; y dos, a través de la "tercera mente" que se forma a partir de la red de impulsos de pensamiento generada por la alianza de mentes maestras. De hecho, simplemente centrándose conjuntamente en un objetivo principal definido compartido, las vibraciones de pensamiento del grupo pueden magnificarse hasta tal punto que la alianza accederá a un plano superior de pensamiento y generará ideas originales. Con la ayuda de mastermind, los individuos pueden superar estados mentales destructivos como el miedo y la preocupación y utilizar los retos como motivación para innovar y crear. Pueden obtener la forma definitiva de riqueza que reporta dividendos infinitos: *la paz mental.*

PROSPERIDAD A TRAVÉS DE LA ASOCIACIÓN

Hill reconoció que las circunstancias difíciles encierran el potencial de transformación individual y social, sobre todo cuando se experimentan a escala masiva. Esta transformación puede ser constructiva o destructiva, dependiendo de cómo responda la gente a la derrota temporal. En tiempos de depresión y guerra mundial, por ejemplo, Hill identifica cómo:

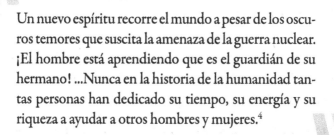

Un nuevo espíritu recorre el mundo a pesar de los oscuros temores que suscita la amenaza de la guerra nuclear. ¡El hombre está aprendiendo que es el guardián de su hermano! ...Nunca en la historia de la humanidad tantas personas han dedicado su tiempo, su energía y su riqueza a ayudar a otros hombres y mujeres.[4]

Los tiempos difíciles y las ansiedades compartidas ofrecen la oportunidad perfecta para poner en práctica el principio de mastermind. Cuando las personas combinan sus habilidades y conocimientos para "pivotar" e innovar, pueden crear oportunidades para sí mismas y para los demás y hacer frente a necesidades insatisfechas. Por eso, la cura más eficaz para el Miedo y la Preocupación es *el servicio*.

> ## La mejor cura para el Miedo y la Preocupación es el servicio.

Cuando las personas se centran en aportar valor a los demás, es casi imposible que el miedo y otras emociones negativas las consuman. Como dice Hill, "Las emociones positivas y negativas no pueden ocupar la mente al mismo tiempo."[4] Simplemente dedicándose al servicio, las personas pueden amplificar las emociones positivas de la fe, el amor, la esperanza y la caridad, difundiendo impulsos de pensamiento constructivos a los demás, así como cultivando un estado mental positivo, lo que, a su vez, produce prosperidad.

Si sufres por el miedo a la pobreza, plantéate cómo podrías sentirte más rico a través del acto de dar. En tu grupo mastermind, trabajen juntos para identificar una forma de añadir valor a la vida de los demás que pueda tener como beneficio secundario la obtención de ganancias. ¿Puedes servir a tus clientes de una forma nueva? ¿Crear un producto para satisfacer una necesidad insatisfecha?

Si tienes miedo a la crítica, haz cumplidos a los demás. En tu grupo mastermind, reflexiona sobre una forma de ayudar a los demás mediante el servicio o la innovación. ¿Hay alguna comunidad (virtual o de otro tipo) que podrías crear para apoyar el crecimiento personal de los demás? ¿Podrías escribir un libro edificante? ¿Un producto que ayude a las personas a sentirse mejor consigo mismas?

Si sufres por el miedo a la mala salud, hazte voluntario en un hospital o lleva comida casera a alguien que esté enfermo. En tu grupo mastermind, colabora para identificar un medio de ayudar a las personas a mantener su salud mental y física.

Si sufres por el miedo a perder el amor, comparte tu amor con los demás. En tu grupo mastermind, ayuda a los miembros a fortalecer sus relaciones animándose mutuamente a ser los mejores compañeros que puedan ser.

Si sufres por el miedo a perder la libertad, hazte voluntario en una prisión o trabaja para ayudar a otros a proteger sus libertades. En tu grupo mastermind, reflexiona sobre una forma de liberar a las personas de algo que esté limitando su libertad, ya sea algo que esté infringiendo su tiempo familiar o restringiendo su acceso a los recursos necesarios.

Si sufres miedo a la vejez, ofrécete como voluntario en una comunidad de jubilados. En tu grupo mastermind, piensa conjuntamente en cómo la sabiduría y la experiencia de cada miembro del grupo podría ayudar a otros que acaban de iniciar su camino hacia el éxito. Busca oportunidades de tutoría.

Si sufres por el miedo a la muerte, determina cómo ayudar a las personas a vivir más plenamente el presente. En tu grupo mastermind, discute las formas en que cada miembro puede construir un legado duradero.

El miedo puede parecer una experiencia aislante, pero cuando nos asociamos con otros para canalizar nuestras preocupaciones en direcciones productivas, podemos encontrar nuevos caminos para que la prosperidad y el crecimiento mejoren la vida de los demás, así como la nuestra. Y como en un grupo de mastermind podemos combatir mejor la indecisión y la duda que inspira el miedo, podemos dar vida a estas ideas creando y aplicando un plan de acción definido.

> El miedo, bien canalizado, puede ayudarnos a descubrir nuevos caminos de prosperidad y crecimiento.

No permitas que el miedo escriba tu historia. Tú tienes el control de tus emociones y de tu respuesta ante una derrota temporal.

Amplía tu perspectiva teniendo fe en tu capacidad para alcanzar tu objetivo principal definido y descubrirás innumerables oportunidades esperando por tu iniciativa.

Es hora de dominar tus emociones... y por extensión, tu vida.

Ha llegado el momento de convertirte en el pionero que estás destinado a ser.

Aprovecha el poder de tus pensamientos para cambiar el miedo por fortaleza.

Ármate de valentía y actúa en favor de tus sueños.

> Nunca ha habido una época más favorable a los pioneros que la actual.[5]

LLAMADO A LA VALENTÍA

Pivotar convirtiendo ansiedades compartidas y circunstancias difíciles en oportunidades de servicio. Por ejemplo:

- Si tu negocio se está desacelerando, asóciate con otras empresas cercanas para organizar una recaudación de fondos u ofrece un paquete de servicios/productos en el que un porcentaje de los beneficios se destine a una organización local sin fines de lucro.

- Si has sufrido la pérdida de un ser querido, honra su memoria ayudando a otras personas en el proceso de duelo, ya sea facilitando un grupo de apoyo u ofreciendo otros recursos útiles a quienes se encuentren en una situación similar.

Forma un grupo mastermind que te ayude a superar tu miedo más acentuado determinando la mejor manera de aportar valor a los demás.

1. El miedo más poderoso o perturbador:

_____

_____

_____

_____

_____

_____

_____

_____

_____

_____

_____

_____

_____

_____

_____

_____

2. Personas que podrían aportarte la experiencia, la formación, la educación, los conocimientos especializados y/o el talento que necesitas para reconducir este miedo hacia un fin productivo:

1. _____

2. _____

3. _____

4. _____

5. _____

6. _____

7. _____

8. _____

9. _____

10. _____

3. ¿Cómo pueden ayudarte estos posibles miembros mastermind a convertir el miedo en oportunidad?

_____

_____

_____

_____

_____

_____

_____

_____

_____

_____

_____

_____

_____

_____

_____

_____

4. ¿Cómo puedes aportarles valor?

_____

_____

_____

_____

_____

_____

_____

_____

_____

_____

_____

_____

_____

_____

_____

_____

5. Fecha prevista para iniciar las conversaciones con el mastermind:

_____

6. Comprométete ahora a ponerte en contacto con estos posibles miembros mastermind y a formar una alianza de personas que te animarán a vencer tus miedos y a innovar en tiempos de adversidad. Reúnete con ellos semanalmente. Anota las ideas que surjan de tus sesiones de lluvia de ideas, reflexionando periódicamente sobre la evolución de tu propia actitud mental.

_____

_____

_____

_____

_____

_____

_____

_____

_____

_____

_____

CAPÍTULO 6

ESTE MUNDO
CAMBIANTE Y LA FE[1]

L A fe permite acercarse a una distancia de comunicación con la Inteligencia Infinita (o Dios, si prefieres ese nombre). El miedo nos mantiene a distancia y hace imposible la comunicación.

La fe crea un Abraham Lincoln; el miedo desarrolla un Al Capone.

La fe hace a los hombres honorables en el comercio; el miedo hace a los hombres deshonestos y de mente furtiva.

La fe hace que uno busque y encuentre lo mejor que hay en los hombres; el miedo sólo descubre sus carencias y deficiencias.

La fe se identifica inequívocamente a través de la mirada, la expresión del rostro, el tono de voz y la forma de caminar; el miedo se identifica por las mismas vías.

La fe sólo atrae lo que es útil y constructivo; el miedo sólo atrae lo que es destructivo.

El bien obra por la fe; el mal, por el miedo.

Cualquier cosa que provoque miedo debe ser examinada de cerca.

Tanto la fe como el miedo tienen tendencia a revestirse de realidades físicas, a través de los medios más prácticos y naturales disponibles.

La fe construye; el miedo derriba. El orden nunca se revierte.

> La fe forma un gran líder; el miedo crea un seguidor acobardado.

La fe y el miedo nunca confraternizan. Ambos no pueden ocupar la mente al mismo tiempo. Uno u otro debe dominar, y siempre lo hace.

La fe puede elevar a un individuo a grandes alturas de logro en cualquier vocación; el miedo puede hacer y hace imposible el logro en cualquier vocación.

El miedo provocó el peor pánico que el mundo ha conocido; la fe lo expulsará de nuevo.

La fe es la alquimia de la naturaleza con la que mezcla y funde lo espiritual con las fuerzas físicas y mentales.

El miedo no se mezclará con la fuerza espiritual más que el aceite con el agua.

La fe es un privilegio de todo hombre. Cuando se ejerce, elimina la mayoría de las limitaciones reales y todas las imaginarias con las que el hombre se ata en su propia mente.

LLAMADO A LA VALENTÍA

Fortalece tu fe...

- ...buscando siempre lo bueno en ti mismo, en los demás y en el mundo que te rodea.

- ...manteniéndote firme en la búsqueda de tu propósito principal definido.

- ...reforzando tu propósito principal definido con planes definidos respaldados por acciones definidas.

- ...construyendo un sistema de apoyo que te capacite para perseverar ante la adversidad.

- ...identificando y obteniendo recursos que te equipen para superar tiempos turbulentos.

- ...encontrando formas de servir a los demás con tu tiempo, talento y recursos.

- ...observando y apreciando la estabilidad probada por el tiempo de la ley natural.

- ...revistiendo tus pensamientos con las emociones positivas de la fe, la esperanza, el amor y la caridad hasta que tus hábitos de pensamiento se conviertan en un estado mental.

- ...estableciendo tus valores y nunca desviarte de ellos.

- ...actuando con honestidad e integridad en cualquier circunstancia.

- ...liderando y guiando a otros hacia el éxito.

- ...creando un legado caracterizado por la generosidad y el servicio.

1. ¿Qué medidas concretas debes tomar para edificar tu fe?

_____

_____

_____

_____

_____

_____

_____

_____

_____

_____

_____

_____

_____

_____

_____

_____

_____

_____

CUESTIONARIO DE AUTOANÁLISIS

SUSCEPTIBILIDAD
A LAS INFLUENCIAS NEGATIVAS

1. ¿Has identificado tu propósito principal definido? Si no es así, responde a las siguientes preguntas:

   - ¿Qué deseas por encima de todo?

   _____

   _____

   _____

   _____

   _____

   _____

- ¿Qué estás dispuesto a dar a cambio de conseguirlo (por ejemplo, tiempo, recursos, oportunidades perdidas)?

_____

_____

_____

_____

_____

- ¿Para cuándo te comprometes a conseguirlo?

_____

_____

_____

_____

_____

2. ¿Tienes un plan para conseguir tu propósito principal definido? Si no es así, responde a las siguientes preguntas:

- ¿Qué planes anteriores podrían combinarse o modificarse para crear una nueva oportunidad?

- ¿Qué han hecho otras personas de éxito para obtener el mismo resultado?

- ¿Qué has aprendido de los fracasos anteriores?

_____

_____

_____

_____

_____

- ¿Qué consejos te ha ofrecido tu mastermind?

_____

_____

_____

_____

_____

3. ¿Evitas asociarte con alguna persona o grupo concreto y, en caso afirmativo, por qué? Enumera algunas formas de aprender de ellos.

_____

_____

_____

_____

_____

_____

4. ¿Te sientes cohibido con frecuencia? Si es así, ¿puedes identificar las razones?

_____

_____

_____

_____

_____

_____

5. ¿Te gusta tu profesión? Si no es así, ¿se te ocurren tres cosas que preferirías hacer en tu carrera?

_____

_____

_____

_____

_____

6. ¿Has podido aprender de tus errores anteriores? En caso afirmativo, ¿cuáles han sido algunas de las lecciones?

_____

_____

_____

_____

_____

7. ¿Tienes envidia de alguien? Si es así, ¿por qué?

8. ¿A qué dedicas la mayor parte de tu tiempo? ¿Es un uso constructivo o destructivo de tu tiempo?

9. ¿Puedes identificar momentos de tu vida en los que pensabas en el fracaso? ¿Qué te hizo superarlo? Toma nota de ello y utilízalo como estrategia para superar el miedo al fracaso.

_____

_____

_____

_____

_____

_____

10. En general, ¿te sientes bien o mal físicamente? ¿Puedes identificar la causa y elaborar un plan para hacer más de lo que te hace sentir bien?

_____

_____

_____

_____

_____

_____

11. ¿Quién ha tenido la influencia más inspiradora sobre ti, y por qué?

_____

_____

_____

_____

_____

_____

12. ¿Cómo puedes pasar más tiempo con ellos?

_____

_____

_____

_____

_____

_____

13. ¿Toleras las influencias negativas? En caso afirmativo, ¿por qué?

_____

_____

_____

_____

_____

14. Enumera las formas de evitarlas.

_____

_____

_____

_____

_____

15. ¿Puedes identificar situaciones en las que te hayas dejado influenciar fácilmente por los demás? ¿Cuál fue el resultado?

_____

_____

_____

_____

_____

_____

16. ¿Cómo evitarlo en el futuro?

_____

_____

_____

_____

_____

_____

17. ¿Programas tiempo para practicar la autosugestión o la meditación para que tus pensamientos sean más positivos? Si no es así, ¿cómo puedes sacar tiempo -a partir de hoy- para crear mejores hábitos de pensamiento?

_____

_____

_____

_____

_____

_____

18. ¿Qué has aprendido hoy, esta semana y/o este mes que puedas utilizar para mejorar tu mentalidad mañana? Enumera al menos tres cosas.

_____

_____

_____

_____

_____

_____

19. ¿Puedes nombrar tres de tus mayores debilidades? ¿Cómo podrías empezar a corregirlas?

_____

_____

_____

_____

_____

_____

20. ¿Cambias a menudo de opinión? En caso afirmativo, ¿por qué?

_____

_____

_____

_____

_____

_____

21. ¿Cómo puedes ser más audaz y firme en la toma de decisiones?

_____

_____

_____

_____

_____

22. ¿Sueles terminar todo lo que empiezas? En caso negativo, ¿por qué?

_____

_____

_____

_____

_____

23. ¿Cómo puedes eliminar las distracciones y los obstáculos que se interponen en tu camino?

_____

_____

_____

_____

_____

_____

24. ¿Puedes identificar tus tres mayores miedos o preocupaciones? ¿Qué los eliminaría?

_____

_____

_____

_____

_____

_____

25. ¿Cuánto tiempo has dedicado a estudiar y responder estas preguntas?

_____

_____

_____

_____

_____

_____

Tienes CONTROL ABSOLUTO sobre una cosa, y son tus pensamientos.

Si has respondido a todas estas preguntas con la verdad, sabes más de ti mismo que la mayoría de la gente. Estudia las preguntas detenidamente, vuelve a ellas una vez a la semana durante varios meses y te asombrarás de la cantidad de conocimientos adicionales que habrás adquirido por el simple método de responder a las preguntas con honestidad. Si no estás seguro de las respuestas a algunas de las preguntas, busca el consejo de quienes te conocen bien, especialmente de aquellos que no tienen ningún motivo para adularte, y mírate a ti mismo a través de sus ojos. La experiencia será sorprendente.

Este es el más significativo e inspirador de todos los hechos conocidos por el hombre. Refleja la naturaleza Divina del hombre. Esta prerrogativa Divina es el único medio por el cual puedes controlar tu propio destino. Si no controlas tu propia mente, puedes estar seguro de que no controlarás nada más.

NOTAS

CAPÍTULO 1

1. Napoleón Hill, *La Llave Maestra de la Riqueza* (1945; repr., Shippensburg, PA: Sound Wisdom, 2018), 176-77.
2. Ibídem, 173.
3. Ibídem.
4. Ibídem, 174.
5. William Ernest Henley, "Invictus", *Fundación para la Poesía*, Fundación para la Poesía, 2020, http://www.poetryfoundation.org/poems/51642/invictus.
6. Napoleón Hill, *Piense y Hágase Rico* (1937; repr., Shippensburg, PA: Sound Wisdom, 2016), 50.
7. Ibídem, 23.
8. Ibídem, 44-45.
9. Ibídem, 65.
10. Napoleón Hill, "El Hacedor de Hombres de Milagros," en *Grandes Discursos de Napoleón Hill*, (Shippensburg, PA: Sound Wisdom, 2016), 208.
11. Hill, *La Llave Maestra*, 17.
12. Hill, *Piense y Hágase Rico*, 49.
13. Ibídem, 45.

CAPÍTULO 2

1. Hill, *Piense y Hágase Rico*, 28.
2. Ibídem, 20.
3. Napoleón Hill, "Los Cinco Elementos Esenciales del Éxito", *en Grandes Discursos de Napoleón Hill*, (Shippensburg,

PA: Sound Wisdom, 2016), 153.

4. James Hayton y Gabriella Cacciotti, "Cómo el Miedo Ayuda (y Perjudica) a los Emprendedores", *Harvard Business Review,* 3 de abril de 2018, http://hbr.org/2018/04/how-fear-helps-and-hurts-entrepreneurs.

5. Hill, *Piense y Hágase Rico*, 47.

6. Ibídem, 311.

7. Hill, *La Llave Maestra,* 170.

8. Ibídem, 173.

9. Hill, *Piense y Hágase Rico*, 50.

10. Napoleón Hill, "Este Mundo Cambiate", en *Grandes Discursos de Napoleón Hill* (Shippensburg, PA: Sound Wisdom, 2016), 256.

11. Ibídem, 250.

12. Ibídem, 256.

13. Hill, *Piense y Hágase Rico,* 71.

CAPÍTULO 3

1. Elbert Hubbard citado en Dale Carnegie, "Cómo 'Teddy' Roosevelt Conquistó el Miedo", *The Detroit Free Press*, 17 de marzo de 1941, 3.

2. Hill, *Piense y Hágase Rico*, 80-81.

3. Ibídem, 81.

4. Franklin D. Roosevelt, "First Inaugural Address", *Archives.gov*, última actualización: 23 de septiembre de 2016, http://www.archives.gov/education/lessons/fdr-inaugural.

5. Hill, *La Llave Maestra*, 23.

6. Ibídem, 168.

7. Hill, *Piense y Hágase Rico*, 362.

8. Ibídem, 330.

9. El miedo a perder la libertad no era uno de los seis fantasmas originales del miedo identificados en *Piense y Hágase Rico*. Hill lo añadió más tarde, y aparece en su catálogo de miedos en *La Llave Maestra de la Riqueza*, 23.

10. Hill, *Piense y Hágase Rico*, 332.

11. Ibídem, 330.

12. Ibídem.

13. Amy McKeever, "El Coronavirus está sembrando el pánico. Aquí está la Ciencia detrás del Por Qué", *National Geographic*, 17 de

marzo de 2020, http://www.
nationalgeographic.com/
history/reference/modern-
history/why-we-evolved-to-
feel-panic-anxiety/.

14. Hill, *Piense y H*ágase *Rico*,
    345-46.

15. McKeever, "Coronavirus."

16. Hill, *Piense y Hágase Rico*, 345.

CAPÍTULO 4

1. Ralph Waldo Emerson,
   "Valentía", en *Sociedad y
   Soledad: Doce Capítulos*
   (Boston: Fields, Osgood, &
   Co., 1870), 247.

2. Hill, *Piense y H*ágase *Rico*, 356.

3. Ibídem, 234.

4. Este libro sobre el miedo no
   pretende diagnosticar ni tratar
   fobias, trastornos de pánico u
   otras afecciones médicas. Por
   favor, consulta a un profesional
   médico capacitado para
   obtener asesoramiento médico.

5. Hill, *La Llave Maestra*, 236.

6. Hill, *Piense y H*ágase *Rico*, 257.

7. Hill, *La Llave Maestra*, 237.

8. Ibídem.

CAPÍTULO 5

1. Hill, *La Llave Maestra*, 111.

2. Hill, *Piense y H*ágase *Rico*, 256.

3. Hill, *La Llave Maestra*, 112.

4. Napoleón Hill, "Los Cinco
   Elementos Esenciales del
   Éxito", *en Grandes Discursos de
   Napoleón Hill,* (Shippensburg,
   PA: Sound Wisdom, 2016),
   174.

5. Ibídem, 46.

CAPÍTULO 6

1. Este es un extracto de "Este
   Mundo Cambiante", un
   artículo que Napoleón Hill
   escribió durante la Gran
   Depresión, probablemente
   cerca del final de 1930, y
   publicado en la revista *Plain
   Talk*. Fue reimpreso en
   *Grandes Discursos de Napoleón
   Hill* (Shippensburg, PA:
   Sound Wisdom, 2016), 249-
   58. Este extracto aparece en las
   páginas 256-57.

ACERCA DEL AUTOR

Napoleón Hill nació en 1883 en una cabaña de una habitación en el río Pound en el condado de Wise, Virginia. Comenzó su carrera de escritor a los 13 años como "reportero de montaña" para periódicos de pequeñas ciudades y se convirtió en el autor motivador más querido de Estados Unidos. Hill falleció en noviembre de 1970 después de una larga y exitosa carrera escribiendo, enseñando y dando conferencias sobre los principios del éxito. El trabajo del Dr. Hill se erige como un monumento al logro individual. y es la piedra angular de la motivación moderna. Su libro, Piense y Hágase Rico, es el éxito de ventas de todos los tiempos en el campo. Hill estableció la Fundación como una institución educativa sin fines de lucro cuya misión es perpetuar su filosofía de liderazgo, automotivación y logro individual. Sus libros, casetes de audio, cintas de video y otros productos motivacionales están a tu disposición como un servicio de la Fundación para que puedas crear tu propia biblioteca de materiales de superación personal... y que estos te ayuden a adquirir riqueza financiera y las verdaderas riquezas de la vida.

¡REGALO DE BONIFICACIÓN!

Obtenga su libro electrónico de desarrollo personal gratuito y pruebe nuestro boletín aquí:

soundwisdom.com/español

¡GRACIAS POR COMPRAR ESTE LIBRO!